王陽明と儒教

井上新甫

致知出版社

中秋

去年の中秋　陰《いん》また晴れ
今年の中秋　陰また陰
百年　好景《こうけい》多くは遇《あ》わず
いわんや乃《すなわ》ち白髪《はくはつ》相侵尋《あいしんじん》す
吾が心　自ら光明《こうめい》の月あり
千古団円《せんこだんえん》永《ひと》えに欠くるなし
山河大地　清輝《せいき》を擁《よう》す
賞心《しょうしん》何ぞ必ずしも中秋の節のみならんや

王陽明《おうようめい》

王陽明の詩「中秋」の解説は本文六十六ページです。

序

儒教とは何かにはじまる、これは陽明学の手引き書である。手引き書とはいえ、陽明学の真髄とは何か、修養の具体的工夫とは何かをつかむために書いたものである。陽明学関係の書物は沢山あるだろうが、いまだ平易に簡潔に書かれたものをみたことがない。そのため本来、簡易であるべき陽明学の門はいよいよ狭く、人をして遠ざけてきたと思う。

陽明学では「満街の人、みな聖人なり」という。すなわちだれもが聖人の心を持っている。この陽明学の精神からいって、だれにも入りやすい学問であり哲学であり、また安心立命に資するものでなければならない。そういう一念からできるだけ平易に簡潔に書いたこれは陽明学案内である。

もとより、学問は自己を飾るためのものではない。理論や理屈のための武装でもない。出世のための道具でもない。もしそうであるならば、王陽明があれほど慨嘆し憂憤することもなかったろう。

「学問の道は他無し。その放心を求むるのみ」と『孟子』にある。人はいつの時代も放心状態にある。現代流にいえば自己実現とか、自分探しなどというが、その実、自分の心がどこかに逃げていってしまっても、それに気づかない。学問はこのどこかに行ってしまった心を取り戻そうと求める、それだけであるというのである。

人の心こそ天にむすぶ秘蔵である。

大宇宙、大自然からみれば、一個の人間はケシ粒にもならぬちっぽけなものだが、心は無限の天につながっている。これほど尊いものはない。これを自覚し、これを覚り、この心を極め尽くしていけば、だれもがその秘蔵に達することは可能である。陽明学ではこのことを良知を致すという。陽明学に入る門は広く、だれにも開かれている。

願わくはこの書がそうあらんことを。

著者識す

平成十六年　初春

王陽明と儒教　目次

装幀——川上成夫

王陽明と儒教

儒教は孔子にはじまる

陽明学？

「難しそうだナ」と、人はいう。難しいとか、難しくないとかはともかくとして、陽明学そのものが一般にはなじみがないからだと思う。日光・東照宮の陽明門を連想する人もいないと思うが、もちろん関係はない。

王陽明という中国・明代半ばに活躍した哲人のことであり、本名は王守《しゅ》仁《じん》、号が陽明《ようめい》である。いまでも文人や茶人は雅号をつかう、その号が陽明である。

一四七二年に生まれ一五二八年に没した。七二と二八をあわせるとちょうど百になるのでこれは覚えやすい。日本でいえば、この時代は室町後期の戦国時代になる。今からざっと五百年前である。

陽明洞という洞窟に室を築き、室から出ては自分に従う士と逍遥し、その間に学問を講じたことから、その陽明を号とされたようだ。

この王先生による学問ゆえ、陽明学といい、また姓の「王」をとって王学ともいう。王学、陽明学、どちらも使うけれど、一般には陽明学で通っている。

陽明学は儒教である。

といっても、儒教そのものが今や遠くなりにけりである。私も戦後の教育をうけた一人であり、若いときにはほとんどなじみがなかった。中学の漢文の時間に「子《し》曰《いわ》く、学びて時にこれを習う、また説《よろこ》ばしからずや。朋《とも》、

「遠方より来るあり、また楽しからずや…」(『論語』)と、少し記憶があるくらいである。

そこで陽明学のことを話すとなると、儒教についてそう大げさでなくとも、簡単にみておく必要がある。簡単というのは「儒教とはこういうものだ」という、おおざっぱなものだけれど、おおざっぱとはいえ核心の部分である。

儒教は孔子《こうし》（前五五一年～前四七九年）にはじまる学問である。

孔子は孔子という名の人ではない。本名は孔丘《こうきゅう》といい、孔は姓、丘が名。子というのは「し」と読み敬称で、先生というような意味である。だから孟子《もうし》ならば孟先生。王陽明ならば王子とも陽明子ともいう。王先生、陽明先生というわけである。子はもともと男子につける美称だが、ただ「子」といえば孔子をさすことになっている。

また「読書子」といえば読書をする人、「編集子」といえば編集する人の意味になる。「子」のつかい方もいろいろある。

それでは儒教とは何か。端的にいえば「どう生きるか」の学問である。どう生きるかとはどう生きがいのある人生を送るかであり、そのための教えである。孔子に子路《しろ》という弟子がいて、あるとき孔先生に「死とは何か」とたずねた。すると孔先生はこう答えた。

「いまだ生を知らず、いずくんぞ死を知らん」と。

いまだ生きるということをほんとうに知らないのに、どうして死ということが分かろうかと。孔子という人は非常に現実的実践的な人だったから、いま自分が向き合っているこの現実というものを大事にして考えた。もちろん死は人間にとって究極の問題である。極めて切実なことだけれども、鬼神や死という、形而上的な問題の解決よりも、もっと現実を見据えた、人間どう生きるかが先だということである。

したがって孔子は「怪《かい》・力《りょく》・乱《らん》・神《しん》を語らず」と。

怪とは世にも奇怪なこと。力とは力をたのむこと、乱とは世の乱れや人の道を乱すこと、神とは神怪、怪異なことをさしている。どれもみんな現実的ではなく、正しい道ではない。人はあまりに窮すると、現実離れなことを夢想するものだが、孔子は確かなものは目にみえる現実であるとしていた。

孔子の時代からはるかにくだって北宋という時代がある。この北宋の謝《しゃ》良佐《りょうさ》（一〇五〇年~一一〇三年）という人が「聖人は常を語りて怪を語らず、徳を語りて力を語らず、治を語りて乱を語らず、人を語りて神を語らず」といっている。常とは日常の現実であって現実ばなれの怪は語らない。また徳を語りて力を語らずとは人間の根本は徳性にある。この徳性をどうやって養い身につけるかが根本であって、怪力を養うことではない。治を語りて乱を語らずとは人はまずみずからを修めることにはじまる。その修めた身をもって国を治めるのであって、最初から乱を思うのは異常である。人間社会は生身の人間あっての社会であり、その人間と人間社会をどうやってただすかが先である。

人は人を離れたところに生きる世界があるわけではない。この人間社会がたとえ気にいろうがいまいが、この世界で生きるしかない。

孔子はこういう意味で極めて現実的実践的であった。

『論語』にかぎらず、古典を学ぶというのは心身の修養にどうやって役立てるかであり、知識を衒《てら》ったり、読むばかりにつとめて、実生活には何の役にも立たないというのでは孔子の精神が生きてこない。古典の意味もなくなってしまう。

儒教とは修己治人《しゅうこちじん》の学問ともいう。

修己とは字のとおり自分を修めることである。何を修めるかといえば徳性を養うことである。その養った徳をもって人々を感化し世を安らかに治める。これが修己治人である。孔子が魯《ろ》の国の宰相に、政治とは何かと聞かれたとき、孔子はつぎのように答えた。魯というのは孔子が生まれたところである。

「政《せい》は正《せい》なり、子《し》、帥《ひき》いるに正《せい》をもってせば、たれか敢《あ》えて正《ただ》しからざらん」と。

政《まつりごと》というのは正という意味です。あなたがみずから正しい道を行ったら、世のなかのだれか正しくならないものがありましょうか、これが政治というものですと。

政治はまずみずからの身を正すことが先である。みずからを正さずして、どうして国家を治めることができようか。いつの時代も政治倫理の問われぬことがないが、それは政治そのものの問題でなく政治家の堕落が原因である。教育もわが身を修めるところに原点がある。わが身をもって教え化すのが教育であり、それはちょうど火のそばに物があれば自然に乾くように、水のそばに物があれば自然に湿るように、おのずから相手をして変化させることである。感化する、教化する、これが教えの本義である。

ところが、いまやそのことをすっかり忘れてしまったところに、わが国の教育荒廃の大きな原因がある。

また儒教とは修身《しゅうしん》・斉家《せいか》・治国《ちこく》・平天下《へいてんか》の学問ともいう。

これは『大学《だいがく》』という書物のなかにある言葉で、天下が平和で安泰であるためには、わが身を修めることを以てはじめとする。わが身が修まれば、家族がよく和合し、家族がよく和合すれば、国が治まり、国が治まれば天下は安泰である。

すべてわが身、この一身の修養から出ており、わが身が修まらずして家族の幸せもなく国も安定せず、天下も安泰ではないという。

かつて政治家のなかにはこの大学の言葉を政治信条に掲げていた人がいた。

福田赳夫・元首相（一九〇五年〜一九九五年）がその一人である。福田は昭和二十七年の総選挙に初出馬し当選したが、群馬の福田事務所の正面には「修身・斉家・治国・平天下」の扁額《へんがく》が掲げられていた。日本国家と国民のため、身命を賭《と》すという心意気を感じさせた力強い額であり、事実、福田赳夫は終生、この言葉を彷彿《ほうふつ》とさせる生きかたをしたと思う。

修身・斉家・治国・平天下の言もその趣旨は先の修己治人と同じである。

「どう生きるか」は、結局のところ「どう身を修めるか」に帰する。そこで儒教とはどう生きるべきかの学問といっても、また修己治人の学問といっても、修身・斉家・治国・平天下の学問といっても、いいかたは違えど真意は同じである。

しかし、これだけで儒教とは何か、そのねらいとするところを、おおむねわかってもらうのは無理だろう。そこで、さらに立ち入っていえば、儒教とは天地の生成化育を体認し、これを人間と人間社会に実現するための学問といえる。

天地の生成化育という、また聞きなれない言葉が出てきてしまったけれど、万物生々のはたらきが生成化育である。このことを造化という。万物を生み育てるいとなみのことで、宇宙自然の創造変化、あるいは創造進化そのもののことをいう。

造化の「化」とは変化である。同時に進化である。創造のあくなき向上、進展である。自然も人生もたえざる進展であり、大いなる化である。ちょうどオタマジャクシがカエルに成長するように、四つんばいの乳児がやがて二本足で立って歩くように、成長は変化であり進化である。

この万物を生み育てるはたらきが人間を通じて現れたときそれを「徳」という。

もっと端的にいえば、生を助け、生をどこまでも伸展させ、活力あらしめたり、あるいはその方向をうながすはたらきのことを徳という。といっても、それは特別なはたらきやいとなみをいうのではない。もっとも身近な言行からはじまるのである。
これに反するものが「不徳」である。

徳を養う方法

いま学校教育では徳育が叫ばれている。

しかし、その徳育は非常にあいまいで極めて情緒的に思われる。たしかに徳というのは抽象的概念になるが、それは徳の原理のことであって、徳が人間を通じて表れるときは極めて具体的であり、決して漠然としたものではない。目にも見え音にも聞こえ形にも表れるのである。

陽明学の達人・熊沢蕃山《くまざわばんざん》先生（一六一九年〜一六九一年）に徳を養う格好の言がある。

蕃山先生は江戸前期の、私が敬慕する思想家である。私は長年勤めた上毛新聞社を退職するとき、先生の歌「見る人の心からこそ山里の浮世の外の月は澄むらん」を借りて退職の辞を書き、密かにわが決意を新たにした。〝先生〟と呼んだのは、私が蕃山先生に私淑しているからである。

その蕃山先生が徳を養う方法は言葉を慎むことと、その著『集義和書《しゅうぎわしょ》』のなかでつぎのように述べている。

心友問う。入徳《にゅうとく》の功《こう》、いずれの所よりはじまるべきや。

云う。精神の収斂《しゅうれん》するよりはじむべし。精神を収斂する事は言を慎むよりはじまれり。是《これ》、口は好みをなし兵をおこすといえり。誠に吉凶のかかる所也《なり》。悪口妄言《あっこうぼうげん》、世俗の卑辞《ひじ》は、少し心ある人はいわず。言の発し易《やす》き事は吾人《ごじん》の通病也《なり》（中略）

すべて言はいいて人の益とならず、己いうべき義なくば黙《もく》するにしかず。行《こう》のあしきは悔い改めて後《のち》は善也。言の失《しつ》は物《もの》に及びて害あれば、悔いるといえどもかえらず。故に君子は是《これ》をはじめに慎むなり（『集義和書』巻十五　義論之八）

問答形式になっているのは江戸時代によくみられる形式である。

そこでまず徳を養うために蕃山先生は精神の収斂《しゅうれん》からはじむべしという。精神の収斂とは気持ちをひきしめることである。気持ちをひきしめるには言葉を慎むことからはじまるとし「これ口は好みをなし兵をおこすといえり」と。口は好みをなすとは、人間、相手によって好き嫌いの感情が表に出てしまう。好ましく思う相手ならば、自然にどこか温かみのある言葉になるけれど、嫌な奴と思っていれば同じ言葉を掛けるにも冷たくなる。ややもすれば勢い語気も強くなろうから、相手はそれを感じとり心の傷となったり恨みや喧嘩《けんか》の種になる。

われわれの人生を省みればよく思いあたることである。

つまり言葉というものは吉凶禍福のカギをにぎるので人の悪口やでたらめなこと、あるいは下品でいやしい言葉は少し心ある人はいわない。つい口がすべって、いわなくともいいことをいってしまうのは、われわれの陥りやすい病である。すべて言葉は、その人のためと思ってもそうはならないので、自分が自分の良心に照らして、どうしてもいわなければならない、まさにやむにやまれぬ義なくば、黙っていることにまさるものはない。行いというのは、あとで悔い改めればすむが、いったん口から出てしまった言葉は相手を傷つけてしまうから悔いても、もとには戻らない。ゆえに君子はまずはじめに言葉を慎むのだと。

「ああ、しまった、いわなければよかった」と思うことは、われわれが日々経験する。友人や同僚との間で、家庭や夫婦の間で、みな「あいつがこういった、ああいった」「お前があああいった、あなたがこういった」からいさかいがはじまる。職場の人間関係も言葉が吉凶禍福を握っている。果ては国家間の外交交渉も言葉の影響が大きい。

「口は禍《わざわい》の門。舌これ身を斬《き》る刀」である。禍は言葉だけでない。われわれの飲食もよけいな物を食って腹をこわし飲みすぎて健康を害す。みな禍は口からはじまるのである。

この文章の終わりから三行前に「己いうべき義なくば…」というのがあるが、この義という字は本来難しい。日本人の生活習慣では「義理が立たぬ」とか「義理を欠く」とか、よくつかうが、本来の義というのは、天が命じた自分の良心に照らして、われいかに生くべきか、われいかに処すべきか判断し、それにしたがって実践行動することをいうのである。ただ単なる判断だけではなく実践実行が伴う。

義は武士道の根幹を成している。それだけ日本人にとって非常に重い言葉である。義をプライドと錯覚する人がいるが、間違いである。

熊沢蕃山先生は政治の才と識見にすぐれ、学問を身をもって実践された陽明学の達人中の達人であったと思う。

私は試したことはないけれど「黙養《もくよう》」という修行があるそうだ。まず一日黙して一語も発しない。ついで三日黙する。それができたら三ヵ月黙する。ついに三年黙して一語も発しない。三年黙していられればたいへんな人物だという。人間、生まれれば「オギャー」と呱々《ここ》の声をあげる。声をあげるのは生命、必然のやむにやまれぬ要求だから、物をいわぬのは相当、苦しいにちがいない。三年黙するというのは難行であろう。

「悟」という字は「口を慎む」ことが字義である。

この字は偏《へん》でなく旁《つくり》に意味があり「吾」の上の「五」は「刈る」という意から「口を刈る」、すなわち口を慎む。もうひとつの説は「五」は五本の指を表しているので、五本の指で口をふさぐ、すなわち口を慎む。双方ともに口を慎むことであり、悟るとはすなわち口を慎むことである。幽山渓谷にはいって滝にうたれて修行する、いわゆる雲水のような行だけが修行ではない。われわれの人生、その気になればいたるところ修行の場である。

陽明学では常に、どこでも自分がおかれたところで修養することを「事《じ》上磨錬《じょうまれん》」といい、これを非常に重んずる。この事上磨錬というのは陽明学を修める者ならば知らぬ者はいない、あまりに有名な言葉で、また陽明学を語るには極めて大事なのだが、いまここで詳しく話しているわけにいかない。とはいえ、このまま素通りもできないので、陽明先生と陸澄《りくちょう》という弟子の問答から、さわりだけを簡単にみておこうと思う。

陸澄は『伝習録《でんしゅうろく》』を偏《へん》した一人である。

『伝習録』は陽明学の聖典というべきものだから陽明学を学ぶ人にとっては必読の本である。その陸澄が先生に「私は静かなときには心の働きもよいのですが、ちょっとした問題に出合うと同じようにいきません。なぜでしょうか」と尋ねるくだりがある。すると先生は「それはただ静養を知って、己に打ちかつ修行をしないからだ。そのような状態で事に臨めば、外の力に圧倒されてしまうであろう。人間は必ずいろいろな事柄と取り組んで自己を磨かねばならない。そうすれば自然に心はしっかり確立して、静かなときも動いているときも安定するであろう」と答えている。

人は、心を安定させるために静座して邪念雑念を払う修養、たとえば座禅がそうだが、しかし静座だけに専心してしまうと、何か事が起きたとき、さてどうすればよいか、にわかに応じられず、心が動揺し自分を失ってしまう。これでは真の修養にはならない。そこで陽明先生は静的修養も重んずるけれど、動的修養を事上《じじょう》で磨けと説くのである。

事上磨錬の「事」とは人生のあらゆる場面のことと思ってよい。あらゆる場面を通じて自分を磨いていく。そうすれば人生いたるところ修行の場である。人との応対・応接、仕事の交渉、友人との会話、家族との会話、みな事上であり自分を磨く舞台である。陽明学が実践的行動的といわれるゆえんもここにある。

先の蕃山先生の「口を慎む」というのは、事上磨錬の手近な日常的な修養といえる。

儒教の根本原理

生を慈しみ愛し、生を助け、これをどこまでも進展させ、活力あらしめていく言葉や行為が、すなわち徳の表現である。その極みは生そのものだから『易経《えききょう》』という儒教の代表的書物のなかに「天地《てんち》の大徳《たいとく》を生《せい》という」と記されている。生は天地の大いなる徳の表れである。万物は天地によって生成化育される。天のエネルギーを地のエネルギーが受けとめて万物は無限に生成され化育されていく。

儒教はこの宇宙自然の創造の原理を根本原理とする。宇宙自然の運行が不滅で永遠であるように、人間と人間社会が永遠であるためには、この法則を自覚し、これを解明し、この法則に沿って生きることが、もっとも

「道」にかなった生きかたである。

「道」とはこの宇宙自然の創造変化（造化）のことをいう。

人はどう勝手に生きようと思っても、この法則からのがれられない。もっとも切実な生死の問題からはじまって昼夜の進行、四季の変化、どれも宇宙自然の厳然たる法則であって、この法則に逆らって人は生きていけない。それはちょうど人が歩んで目的地に達するように、これにしたがい、これを歩んでいかなければならないゆえ、人の歩行に照らして「道」というのである。

この道が、つまり造化が、人間を通じてあらわれたとき徳という。

生きる力を応援したり、支えたり、活力あらしめたりする言葉や行為・行動は、みな徳であり、反対に生きる力を削いだり阻害したり停滞させたり、気力を萎えさせるような言行を徳を損ずるというのである。たとえていえば、道でばったり顔見知りと遇った。「やあ、お久しぶり、お元気」といえばよいところ、「顔色が悪いな、へんな病気ではないだろうな」といえば、いわれた方は不愉快になる。これを徳を損ずるという。

また、禿《は》げたとか、太ったとか、やせたとか、老けたとか、概して身体的なことはいわぬが品性のよさというもので、どうしても、いいたければ「こんにちは」でよい。良心に照らして、いわねばならぬという以外は黙するにしかずである。

ましてや、教師の一言は子どもの活殺をにぎっている。

子どもが発奮するよう仕向けていくのが教師の教えであり徳であり、教師の言行一つが子どものやる気を左右する。といって、ほめるだけが能ではない。叱るのも徳のうちだが、その叱りかたこそ徳・不徳の別れ、その人の修養の度合いにかかってくる。

つまるところ自分をどう修めるかに帰結する。

『論語』に「古《いにしえ》の学者は己《おのれ》の為《ため》にす、今の学者は人の為にす」というよい文句がある。

昔の学問をする人は自分を修めるために学んだが、いまの学者は自分を修めるためでなく、人に知られんがために学ぶ。孔子の時代はもう二千年以上前のことだけれど、二千年後の学問をする人にとっても、つねに戒慎すべき言葉である。

人はみな徳をもって生まれた。生そのものが天地の徳の至れるものだから、だれしも有徳の人である。その徳を自覚したとき初めて徳の修養がはじまる。徳性もほかの学問と同じように養わなければ育たない。そのもっとも自然にして偉大な徳は女性の徳である。女性は天地と同じように造化そのものである。なんといっても子どもを産むことができる。これだけはいかなる男もかなわない。

乳児が母に抱かれて安心して寝つくのは、まさしく母の徳である。その徳の大きさを自覚し、これを養い、これを発揮していくのが女性の本領で、男と張り合い男と伍して生きるのは断じて女の本領ではない。もちろん、なんでも例外はある。

「女」の右側に「口」を書き、その下に「心」をつけると恕、「ゆるす」という字ができる。安岡正篤によると、「口」は口《くち》ではなく領域・世界・本分の意で、女の領域・本分は造化そのままの意味であるという。これに心をつけたのが「恕」である。造化の特徴は万物を創造するとともに、これを包容して一物をも捨てない。その造化のままの心が女性なのである。つまり「ゆるす」、思いやりである。

いたいけな赤児の純真無垢《むく》なさまが、大人の心を洗わせるのはその児の徳である。徳のあるなしはその人の財産や学歴や地位や肩書などともとより無関係である。むしろ世に知られざるところに、意外な徳人がいる。世に知られている人に不徳の人が多い。

儒教の花・陽明学

孔子にはじまった儒教は孔子没後、やがて経典《けいてん》の字句を解釈したりする、いわゆる訓詁《くんこ》の学になったり、さらに時代が経つと暗記して読むばかりの記誦《きしょう》の学がはやったりしたが、そうなると儒教そのものが形骸化し、実際の生活、人生に生きてこなくなった。

これでは孔子の精神である実践から遠のくばかりである。

儒教に新たな血潮をたぎらせ、生きた学問として登場させたのが王陽明である。その華やかさにおいて陽明学は際立っており、私はしばしば〝儒教の花・陽明学〟と使うことがある。王陽明の愛弟子《まなでし》で陽明の妹婿であった徐愛《じょあい》（一四八七年～一五一七年）は、陽明門下の最初の弟子で、その師弟関係は実に美しいものだったが、かれが『伝習録』のなかでつぎのように書いている。

「先生の学は孔門《こうもん》の嫡伝《ちゃくでん》たり、これを舎《お》いてはみな傍蹊小径《ぼうけいしょうけい》、断港絶河《だんこうぜっか》なるを信ず」と。先生とはもちろん王陽明である。すなわち陽明学こそ孔子の正伝であって、これを除けばほかはみな脇道小道、本源から断ち切られてしまった水のない河であると述べている。孔子の正伝とは孔子の真精神をよく引き継いでいるという意味である。

儒教の花・陽明学と私が使うのは、徐愛のこの言葉が心中深くある。

それではいったい陽明学とは何か。

私は相手によって返事を変えることが多い。

欲望や野心が旺盛な人には「良心の学問です」とか「心の学問、心学です」といったりする。また反面、元気のない人には「行動の学問」「実践の学問」という。もちろん中身がちがうわけではない。内省が必要と思える人には心学といい、少し行動を促したいと思うような人には実践の学問という。

行動派の人であればあるほど、つねに深い内省がともなってこそ健全であり大事を成就できる。内に沈む人には実践行動を促し、実践を通じて、これまでとはちがった天地を見いだして欲しいと念ずるからである。ちょうど風邪の症状の違いによって投薬を案配するようなものである。ところが現在は即席になんでもすぐにわかりたがる。

学問に対しても「陽明学？　簡単に教えてくれ」という人が少なくない。しかし、いかに即席な時代とはいえ、インスタント・ラーメンにお湯をさせば腹の足しになるというようなわけにはいかない。

私自身の経験でいえば、陽明学に傾倒するようになったのは、王陽明の人間覚醒の詩「睡起偶成」に出会ったことが最初である。

四《し》十余年　睡夢《すいむ》の中《うち》
而今《いま》醒眼《せいがん》　始めて朦朧《もうろう》
知らず日すでに停午《ていご》を過《す》ぐるを
起《た》って高楼《こうろう》に向かい暁鐘《ぎょうしょう》を撞《つ》く

起って高楼に向かい暁鐘を撞く
なお多くは昏睡《こんすい》して正に懵々《ぼうぼう》
たとえ日暮るるも醒《めざ》めることなお得ん
信ぜず人間《じんかん》　耳尽《ことごと》く聾《ろう》するを

人間、何かことに遇って自己というものを気づかされたとき「目から鱗《うろこ》が落ちる」というが、私がこの詩に出会ったときの心境はまさにそうであった。それほど大きな衝撃をうけた。省みていったい私の人生は何だったかと。ちょうどそのとき、私の新聞記者生活も十八年経ち四十代に入ったばかりだった。この十八年間、私は新聞紙面のみずからの筆にいささかの自負はもっていたとはいえ、人生に対する深い思索や煩悶や哲学がどれほどあったかと。自分が自分に依って立つ何ものかがあるかと。

日本国家や日本民族に対して、どれほどの思慮と高い理想があったかと。

私はこの詩のとおり朦朧たる人生ではなかったか、とうろたえたのである。

私の歳でまだ間に合うだろうかという悔恨と不安と焦燥が募った…。

この詩は説明するまでもないけれど、つぎのような意味である。


人生、四十年余り夢うつつであった。

いま目がさめたとはいえ、まだ霧がかかったように朦朧としている。

陽はすでに西に傾きはじめたではないか。

こうしておられようか、起ってあの高楼にのぼり人間覚醒の暁鐘を撞こう。

起ってあの高楼にのぼり人間覚醒の暁鐘を撞こう。

なお多くの人たちは昏睡し前後不覚のさまである。

たとえ日暮れても、目覚めそうにない。

しかし、この鐘の音が聞こえぬはずはない。すべての人々の耳が悉《ことごと》くふさがってはいまい。

一口に人生八十年というが、八十年は現在の寿命で、五百年も前の明代ならば、もっと短命ではなかったかと疑問に思うかもしれない。ところが、古くは人の寿命を百年とみていた記述がある。『皇帝内経素問《こうていだいけいそもん》』という中国最古の医書には、はるか昔は大方の人が百歳を超えるまで元気で動作も活発であったのに、いまの世の人は五十そこそこで老いぼれてしまうと書かれている。人間、自然のままに生きることができたら相当長生きしそうなのである。したがってこの際、「人生八十年」とみてもなんら不都合はないだろう。

そこで詩にいう四十余年は、人生の半ばを過ぎたとなるわけだが、それは年齢でみるからであって、私はむしろ四十余年をその人が自己に目覚めるとき、覚醒の気概に燃えるときと、とらえたら一層味わいが深いと思う。

かりに齢《よわい》五十であろうと、六十であろうとも…。

「人はその終わりの到らんことを恐るるなかれ、いまだ始めを持たざるして終わらんことを恐れよ」といった哲人の言もあることである。こういう私自身、いまだ始めを持たざるのではないかと恐れている。

この人間覚醒の詩は、われわれの惰気を払い、気概を新たにさせ奮起を促してくれる。

陽明学とは何か

戦前、戦後の政財界人に大きな影響を与えた、東洋学の大家・安岡正篤《まさひろ》（一八九八年〜一九八三年）は「王陽明は一世の良心、気概というものに火をつけて、民族の良心、国民の期待する理想像、理想精神、理想的言論、行動を行った最も代表的な人物である」と、その著『禅と陽明学』の中に書いている。先の「睡起偶成」の詩を読めば、そのことがよくうなずけると思う。安岡正篤は陽明学に精通された大家である。その大家が陽明学とは何かについて、つぎのように述べている。

陽明学とは「良心に生きる、心身を修める、その絶対的根底に立って経世する」と（『陽明学十講』）。極めて簡潔に説明している例ではないかと思う。

この良心に生きるとは何か、心身を修めるとは何か、絶対的根底とは何か。それらについて探求していけば、陽明学がわかるはずだが、良心とか心身の修養とかは文字のうえから察しがついても、絶対的根底となると考えさせられてしまうと思う。「絶対的根底に立って経世する」の「経世」という言葉も普段なじみがない。しかし、いまでも政界では流通している言葉である。むしろ経世の言葉を知らずしては恥をかいてしまう。「経」とは織物の縦糸の意味である。そこから「すじ道」、転じて「つね（常）」とか「おさめる（治）」の意がある。そこで経世は世を治めるという意味になる。経世に「済民」という言葉をつけて「経世済民」という。世を治め民衆を救う、つまり政治のことである。経世済民、経国済民、どちらもつかう。

それから、その前段の絶対的根底とは何か。

これをごく簡単にいえば、みずから依って立つ、何ものかをもっていることである。人は普段、どんなに強気なことをいおうと、何かに依って生きている。人によってそれぞれ違うけれども、ある人は財産や地位や肩書かもしれぬ。ある人は妻や夫や、子どもかもしれぬ。またある人は親兄弟、友人かもしれぬ。

そうした財産や地位や肩書や、夫や妻や親や兄弟、あるいは友人や恋人、何かに依っているが、そうした一切合切をはぎ取って、そのあと何が残るか。その残ったものにみずから依って立つ、安心立命するところのものがあるかどうか。

絶対的根底とはそうした最後の最後に残った、みずから依って立てる心である。

たとえば、それはつぎのような心である。

幕末の長岡藩家老・河井継之助《つぐのすけ》（一八二七年〜一八六八年）は陽明学を血肉にしたような人物だったが、無念にも志成らず戊辰《ぼしん》戦争で没した。その河井がいうには人間、棺桶《かんおけ》に入れられ、フタをされクギをうたれ、地中に埋められたのちの心でなければ真の役に立たないと。こういう根底を醸成することが絶対的根底である。

あるいは大阪町奉行所の与力・大塩平八郎（一七九三年〜一八三七年）は、天保の飢饉《ききん》のあまりの悲惨な状況に際して、町奉行に救済をこうたが聞き入れられず、自分の蔵書を売り払ってその金を窮民救済にあてた。もとより微々たるもの。やむにやまれず、ついに救民・幕政批判の兵を挙げ敗れてのち自刃した。その大塩の言句に、「英傑《えいけつ》、大事にあたってはもとより禍福生死を忘る。しかして事たまたま成れば、すなわちまた或いは禍福生死に惑う。学問精熟《せいじゅく》の君子に至ってはすなわち一《いっ》なり」（『洗心洞箚記《せんしんどうさつき》』）とある。

英雄豪傑というのは国家の大事にあたっては、わが身の禍福生死も忘れて身を挺するが、その大事が終わってまた普段の生活に戻ると、ささいなことに心を痛めて煩悶《はんもん》し狼狽する。しかし、真の学問に通じた君子というのは国家の大事であろうと、日々のさまつなことであろうと迷わない。君子というのは事の大小によって心をふられたりしない。いつも平常心である。この君子たることの根底を養う、根幹を形成することが陽明学を修めることである。大塩平八郎も陽明学をよく修めた人物であった。

「学問精熟の君子に至ってはすなわち一なり」の「君子」という言葉も、もうコケが生えてしまった。

この言葉は先の蕃山《ばんざん》先生のところにも出てきたので説明しておかなければすまない気がする。いまの言葉でいえば徳のある立派な人というような意味である。肝心なことは徳性いかんである。徳性が主であって才能は従。徳と才、情と知の関係はよく対比されるが、人間どちらが根本かといえば徳であり情である。

才なく知なくも、徳や情があれば人生、間違いはない。

徳を養うことについてはすでに触れたが、徳が根幹、才は枝葉である。情が根幹、知は枝葉である。才より徳のまされるを君子といい、才徳共に兼備していることを聖人といい、才徳兼亡を愚人という。

人は聖人を理想とするが、君子ならば心掛け次第で到達可能である。教育は才子型より君子型をめざすべきであって、わが国の教育の行き詰まりは、君子型でなく才子型をめざしたところにあるといえる。

かつての文部省が「心の教育」をはじめたのは平成八年のことである。この年、指定校と指定地域を決めてスタートしたが、翌九年七月には衆議院文教委員会が急遽開かれ、小杉隆文相が「教育行政をあずかる者として心の重要性を感じている。来月初めに中央教育審議会に対して、幼児期からの心の教育について諮問する」と述べた。それほど急いだのはわけがあった。神戸の中学三年生が小学六年生を殺害し、その首をノコギリで切り落とすという陰惨な事件があったからである。

あれから今年で七、八年経つが、どれだけ心の教育はすすんだろうか。

心の教育は言い換えれば、君子型の教育に、教育を切り換えるところからはじまると思う。子どもに対する君子型教育ばかりでない。教師みずからが君子の修養に務めなければ、君子の教えはできない。

才能の「才」という字はそれだけでは「わずかに」である。

この字の面白さは「一が地表を表し、タテの棒「亅」は根、斜めの「ノ」は髭根《しこん》を表す。地表からちょっと出た「丄」が若芽である。すなわち才という字はちょっと出た芽、よってこの字を「わずかに」と読ませる。

才だけではわずかという教えである。

これを成長させ、大木に育てるには何より大事なのが肥沃な土壌である。これに相当するのが徳性である。したがって才能を伸ばすにはどうしても徳性を養う必要がある。世の教師をはじめ、多くがそれを誤解し錯覚し、徳は自然に身につくものだから養う必要はないと思っている。徳性も他の学問と同じように、みずから自覚し修養に務めなければ身につかない。

慈しみとか情けとか、思いやりとか包容とか寛大とかは、もちろん徳性だが、明るいとか清潔とか正直とか正義とか、礼儀や忍耐、物事に対する一貫性とかは、みな徳の領域なのである。才能を伸ばすには努力も忍耐も必要なことはだれもが知るところだが、その努力や忍耐が徳性に属していることに気づかない。

天心は人心、人心は天心

元来、人の心とはなんだろうか。

宇宙ができて百五十億年、地球ができて四十六億年経つ。その地球に生命が誕生したのは三十八億年前といわれるが、宇宙の誕生以来、創造進化のはたらきは絶えることなく続いて、いまもなお続き、多種多様な生命体が生成進化し、最後に人間が誕生した。はるか未来には人間を超える生命体が、ひょっとして現われるかもしれないが、いまのところ、ともかく最後に人間が誕生した。しかも人間には心というものが開かれた。意識や精神の世界である。

だから人の心は人の心ではあっても、宇宙自然の創造の究極による天の心である。すなわち人心は天心、天心は人心である。

われわれ一個の人間は大宇宙、大自然からみればケシ粒にもならないほど小さな、とるに足らないものだけれど、その心は大宇宙、大自然につながっている。これほど尊いものはない。持って生まれた才能能力があろうとなかろうと、学歴があろうとなかろうと、心は天につながっており、これほど尊いものはない。その心をだれしも持っている。

北宋時代の儒学者・張横渠《ちょうおうきょ》（一〇二〇年〜一〇七七年）の言に「天地の為《ため》に心を立つ」というのがある。これは「天地、心を立つと為《な》す」と読んでよいと安岡正篤はいう。天地が人の心をまさに開いたということである。

張横渠は宋学の先駆者といわれる。またまた「宋学」という、初めての言葉が出てきてしまったけれど、北宋の程明道《ていめいどう》と程伊川《ていいせん》、それに北宋のあとの南宋の大学者で儒学を集大成した朱熹《しゅき》らに代表される新儒学のことを宋学という。また二程子の「程」と朱子の「朱」をとって程朱学《ていしゅがく》とも、またとくに朱子に代表されるから朱子学《しゅしがく》ともいう。あるいは学問の内容から道学《どうがく》とか理学とか性理学《せいりがく》などともいわれる。

陽明学よりは三百年近く前の時代である。

天地と人を結ぶのはただひとつ心である。心こそ天地と人とを結ぶのである。この心を極め尽くしていけば天地に結ばれていく。

王陽明に「大道は人心」というつぎのような詩がある。

陽伯《ようはく》は即《すなわ》ち伯陽《はくよう》
伯陽はついに安《いず》くにかある
大道は即ち人心
万古《ばんこ》いまだ嘗《かつ》て改めず

長生は仁を求むるに在り
金丹《きんたん》は外《そと》に待つに非《あら》ず
あやまれり三十年
今におい て吾れ始めて悔ゆ

これは「贈陽伯」と題した詩である。陽伯はすなわち伯陽である。伯陽とは老子《ろうし》の字《あざな》。老子は姓は李《り》、名は耳《じ》である。そこで陽伯というのは老子のような人だが、その老子はいまいずこにいる。これは陽明の自分自身への問い掛けでありましょう。陽明は若いときに神仙に没頭した。神仙とは神通力を得た仙人のことをいうのだが、要するにそういう神秘的なものに非常に興味をもったのである。それゆえ「自分は幼いとき学問をせず、三十年間も邪僻《じゃへき》の道に溺れていた」と、のちに書簡に書いている。邪僻の道とは自分自身をないがしろにして、自分自身以外のもの、すなわち外物を求めることで、その誤りにいま始めて気づいたというのが、つぎの「大道はすなわち人心」以下の句である。

人間、だれもが好むところの富貴や名誉の類ももちろん外物である。

しかし「道」は心にある。これは万古不変の真理で今更のものではない。長生き、長寿というのは仁を求めることであって、不老長寿の秘薬は外に探して求められるものではない。どこか人がいまだ足を踏み入れぬ秘境の山奥にあるとか、海底深い神秘の世界にあるとかというものではないというわけである。

私はこの三十年、ひたすら外にそれを求めてきたが、いまその誤りにはじめて気づいた――という悔恨である。

「仁」という難しい字が出てきた。

これは儒教の根本を成す概念である。天地のはたらきと同じように、人間における生成化育のはたらきを仁という。すなわち徳の本質、徳の至れるものが仁である。それは愛にもっともよく現れるので、愛と仁を組み合わせて仁愛という。さらに「金丹は外に待つに非ず」とは、換言すれば「金丹は心外に非ず」で、不老長寿の妙薬はわが心の中、道もまたわが心にあるというのである。

この詩は陽明、三十三、四歳のころの作とみられる。陽明はそれ以前に「格物《かくぶつ》」の理を求めて煩悶懊悩し、ついにノイローゼになったり、道家の養生説に精神を浪費したり、仙人の行う道引術なども試みているが、いずれも確たるものをつかめなかった。そういう苦悩と試練を重ねながら「大道は即ち人心」「長生は仁を求むるに在り」の境地に至った。

「格物」という、また難しい言葉を使ってしまった。少し面倒だけれど、最初に言葉の説明をしておくと「格」とは「ただす」と読む。漢字でいう「正す」。「物」とは「事」の意味。その事とは何かといえば、心に浮かんでは消えていく意念、それには正・不正があり、不正を正に返すのが格物である。

すなわち、善いことを行い悪いことをしない。もし、そういう人間と人間社会が実現できたとすれば、これこそ究極の理想世界であり、政治の永遠の理想もここにあるべきである。ところが、善悪の判断というのが、そもそも難しい。何を尺度にして善悪を判断するか。それに今日は善いことも明日は一転して悪いことになるかもしれない。何を物差しにして善悪を弁別するか。その正しい判断力が、王陽明のいう良知である。良知とは、これも手短にいえば良心の純粋な発揚のことをいう。無欲な明敏な知といえばわかりやすいだろうか。その良知でもって実践実行することがすなわち格物である。

　ただし、実践実行とはわが心の中の実践実行であり、外に現れる行動ではない。自分独り知る心の内なる意志を格（正）すのである。是ならば行い非ならば去る。他人のあずかり知らない領域である。

　ごく簡単に話したけれど「格物」は『大学』という書物に出てくる人間修養と天下国家の根本である。いまはこのくらいにして先にすすみたい。

　『伝習録』のなかにはこの詩の参考になる言がある。「虚霊不昧《きょれいふまい》、衆理《しゅうり》具《そなわ》って万事出《い》ず。心外《しんがい》に理なく、心外に事なし」である。心というのはその実相は虚《きょ》、何もないが、そのはたらきは非常に霊妙、かつ明らかで万事万物の理が備わり、あらゆる物事や行為はここから出てくる。心の外に理はなく、心の外に事はないという意味である。

陽明学が心学、良心の学といわれる面目がうかがえるはずである。
さらに、またつぎのような「中秋」と題す詩が参考になる。

去年の中秋　陰《いん》また晴れ
今年の中秋　陰また陰
百年　好景《こうけい》　多くは遇《あ》わず
いわんや乃《すなわ》ち白髪《はくはつ》　相侵尋《あいしんじん》す
吾が心　自ら光明《こうめい》の月あり
千古団円《せんこだんえん》　永《ひと》えに欠くるなし
山河大地　清輝《せいき》を擁《よう》す
賞心《しょうしん》　何ぞ必ずしも中秋の節のみならんや

いまも昔も中秋の名月というのは多くは晴天に恵まれない。去年は曇ったり晴れたり、今年はずっと曇っていた。百年好景、多くは遇わず。そのうちにわが髪は白くなってしまった。「侵尋」とはだんだん広がるとか、しだいにすすむという意である。しかし、自分の心には明るい月がある。それは永久に欠けることがない。「千古」は千年の後までという意から「永久に」という意味。団円は真円、ここでは満月の意味。山河大地はその清らかな光につつまれる。「擁す」というのは「抱く」の意。その美しさは中秋節だけではない。賞心は風景を愛でる風流心のことである。

天気の悪戯《いたずら》から中秋の名月に出遇うのはめったにないけれども、わが心の月は永久に欠けることのない満月であると、団円清澄なわが心の月を詠む。陽明の心学に対する自信がいよいよ感じられる。

先に熊沢蕃山先生の「見る人の心からこそ山里の浮世の外の月は澄むら

ん」という歌を挙げたが、私はこの「中秋」の詩を詠ずるときには蕃山先生の歌を思い出し、また蕃山先生の歌を口ずさむときは「中秋」を思い出すのである。

良知を詠嘆する

陽明学とは心の哲学である。

その大前提に「心即理」という観念がある。心はすなわち理である。もっと簡潔にいえば世のなかのすべての道理はみな、自分の心のなかにある。だから先の詩のように金丹は外に非ず、自分の心のなかにあり、心外に理なく心外に事なし。その心の月は欠けることのない永遠の満月である。

たとえば親に孝行をしたいとき、孝行の理は親の側にあるわけでなくわが心にある。わが心に理があるから親が死んでしまったあとも供養して孝を尽くすのである。祖先を祀るのもわが心次第である。かりに親に孝の理があるとすれば、親が死んでしまえばそれで終わりだが、亡き親を、祖先を祀るのはみな、わが心の問題、われに理があるからである。

人を愛するのも憎むのも、わが心に理がある。美しい色を好み、いやな匂いを嫌うのもみな、わが心に理がある。花を愛でるのもわが心に理があり、花に理があるわけではない。

花を生《い》ける、茶を点《た》てるとき「花の心を生ける」とか「茶の心を点《た》てる」というが、花や茶に理があるわけでなく、わが心に理があり、わが心を生けたり点てたりするのである。

心は万物の理、天地創造の原理であり、この心を尽くしていけば、その理に到達する。心を尽くすというのは心の純粋な発揚であり、純粋の心になってこそ理と一体になり、一体になれば人はみずから自主的主体的に創造していくことができる。心こそ理である。

この心の核心に、みずから依って立つところの陽明学の真髄「良知」がある。

良知とは、平たくいえば良心のことだが、良心は良心でも、良心の純粋無雑なさまをいう。この良知を陽明はつぎのように詠嘆する。

良知《りょうち》を詠ず

箇々《ここ》の人心、仲尼《ちゅうじ》有り
自《みずか》ら聞見《ぶんけん》を将《も》って遮迷《しゃめい》に苦しむ
而今《いま》　指与《しよ》す真頭面《しんとうめん》
只《た》だこれ良知　更《さら》に疑うなかれ

問う君　何事《なにごと》か日に憧々《しょうしょう》たる
煩悩場中《ぼんのうじょうちゅう》　用功《ようこう》を錯《あやま》る
道《い》う莫《なか》れ聖門《せいもん》に口訣《こうけつ》なしと
良知の両字はこれ参同《さんどう》

人々自ら定盤針《じょうばんしん》あり
万化《ばんか》の根源　総《すべ》て心にあり
却《かえ》って笑う従前《じゅうぜん》　顚倒《てんとう》の見《けん》
枝々葉々《ししようよう》　外頭《がいとう》に尋《たず》ぬ

無声無臭　独知《どくち》の時
これはこれ乾坤万有《けんこんばんゆう》の基《もと》

自家《じか》の無尽蔵を抛却《ほうきゃく》し
門《もん》に沿い鉢《はち》を持《じ》して貧児《ひんじ》に效《なら》う

仲尼とは孔子のこと。真頭面とは真髄の意。

だれもの心のうちに聖人・孔子がいる。すなわち孔子と同じ良知を持っている。ところがそれを心外に求めようとするから、知識が増せばますほどわからなくなり苦しむ。良知こそすべてのものの真髄である。どうして疑う必要があろう。

君が毎日心の定まらないのは間違った方向ゆえ苦労するのであって、聖門に秘伝がないのではなく、良知の二字こそ聖門と一致する。だれもが心のなかに羅針盤がある。万化万物の根源はすべて心にあるのに、そんなはずはないと逆さまに考えて心の外に求めている。宇宙自然の造化の妙を知るとき、これこそが森羅万象のもとである。それにもかかわらず、自分の内にある無尽蔵の宝を放却して、心外に求めようとするのは、門沿いに鉢をもって物乞いする児どものようなものだ。

と、高らかに良知を詠嘆する。王陽明の良知に対する絶対の自信が読みとれる。

「無声無臭」とは天道の象徴で、造化のことである。天地の創造変化、すなわち造化には音もなく香りもない。この天地の生成化育の偉大な徳をまた乾坤《けんこん》の徳という。江戸末期の篤農家・二宮尊徳（一七八七年〜一八五六年）が「声もなく香もなくつねに天地《あめつち》は書かざる経《きょう》を繰り返しつつ」と、その徳を讃えているが、天地の生成化育には音もなく香りもなく、その運行は一刻もやむことがない。ちょうど文字に書かざる経を繰り返しているようだというのである。

われわれが世間の雑踏から逃れ、静かな山間で一夜を過ごしたり、高山に登ったりしたとき、大自然のふところに抱かれていることを実感し、天地の例えようもない恩恵を知る。現代人が乾坤の徳を多少とも感じるのはそういうときである。

「乾坤万有の基」の「乾坤」というまた初めての言葉が出てきたが、これは天地のことである。乾《けん》を天、坤《こん》を地という。乾坤は「易《えき》」の卦《か》の名であり、先に挙げた『易経《えききょう》』という書物の最初に出てくる言葉である。また乾を陽、坤を陰といい、陰陽相応じて万物は無限に創造されていく。

陽と陰は森羅万象を生み出す根源のエネルギーである。陽は「伸びる」方面のはたらきを特徴とし、陰は「調整・統一」する方面のはたらきを特徴とする。物が成長し発展し進化するはたらきは陽であり、物を吸収し蓄積し調整し統一するはたらきは陰である。陽と陰は相対するが、同時に相まち、陽は陰をまってはじめて健全に成長し、陰は陽をまってはじめて役割を完成する。

『易経』は儒学を学んだ者が、やがて行き着くところである。

「万化の根源、総て心にあり」「只これ良知、更に疑うなかれ」「これはこれ乾坤万有の基」。この心の無尽蔵の宝蔵に気づかず、人は自分の外に宝があると思って、ひたすら外物を追いかける。陽明学を修めるのは、この宝蔵をつかむためである。その修養のただ一点は自己に返れ、真の自己をつかめ。自分の心のなかにこそ宝蔵がある。

心こそ無限の過去に連なり、無限の未来に参ずる道である。

われわれが心を究め尽くせば意識の深層に到達する。それは天地創造以来の神秘な宝蔵であり、また人類誕生以来の、すなわちわれわれの、はるかなる祖先からの経験であり記憶であり思考であり知恵である。それに到達することができる。

「良知を詠ず」の詩の、まさに「自家の無尽蔵」は心のなかにこそある。その核心が良知である。よって良知は人間の神秘といってよい。しかも、だれもが参じえる神秘である。ただしそれは自然に、あるいは偶然に得られるものではなく、厳しい修養と鍛練を要するのはやむを得ない。そのため、陽明は「良知」の二字にとくに「致」をつけて「致良知《ちりょうち》」とした。

「致」は「いたす」とも「きわめる」とも読む。

「良知を致す」「良知を極《きわ》める」である。

すでに科学によって人のからだも黴《かび》も大腸菌も、遺伝子の構造と原理が同じであることがわかった（村上和雄著『生命の暗号』）。このことは創造の起源が同じだということであり、無限の過古に連なるという意味もいまや科学が証明してくれていると思う。

心学の先駆者とされる、王陽明より先に生まれた南宋の陸象山《りくしょうざん》（一一三九年～一一九二年）が「宇宙内のことは、即ちわが分内のこと、わが分内のことは即ち宇宙内のこと」「宇宙即ちこれ吾が心、吾が心即ちこれ宇宙」と記しているが、わが心は天に通ずる。

われわれ一個の人間はそれこそとるに足らぬが、心は天に通ずる。これほど尊いものがあろうか。いかにぼんくらな人間であろうとも、その心は天に通じている。だからこそ「箇々の人心、仲尼有り」である。

王陽明は晩年「道」を問われて、つぎのように答えている。

饑《う》え来《きた》れば飯《めし》を喫《く》らい
倦《う》み来《きた》れば眠る

只《た》だこの修業　玄《げん》更に玄《げん》
世人《せじん》に説与《せつよ》するも渾《すべ》て信ぜず
却《かえ》って身外より神仙を覓《もと》む

腹がすけば飯を食い疲れたら眠る。ただこれだけのことだという。しかし、この修行は玄の玄、極めて奥が深い。道とはそういうものだと世の人々に説いても、だれ一人信じない。逆に神秘なことは別な世界にあると思い、わが身外にそれを求める。

「道」は自然な心である。それは飢えれば飯を食い疲れれば眠る、たとえてみればそういうことであるという。

無為自然という言葉がある。道家《どうか》がよく用いる言葉だが「無為」というのは何もしない意味ではない。それを錯覚して、無為とは何もしないことだから仕事もしない、自分の日々の務めも果たさないということならば、人間、生きてはいけない。造化に反する。そういう意味ではなく、自分が果たすべき務めは果たす。自分の務めを他人に押しつけたり、自分の好き勝手にやる意味ではなく、自分が為すべきことを為すのが無為である。

飢えれば飯を食い、疲れれば眠るというのは、真の意味の無為自然を指しているのであって、欲するがままにおお飯を食らい、疲れれば自分の果たすべきことも果たさないで眠るという意味ではない。自然のはたらきは一刻の休みもない。

『易経』に「天行《てんこう》は健《けん》なり君子《くんし》自彊《じきょう》やまず」とあるように、天の運行、すなわち宇宙自然のいとなみは健やかであり絶えざる生成化育である。君子はこの天行と同じように、つねにみずから務めて怠ることなく自主的に化していくという意味である。

私はこの言の似合うわが国の政治家として躊躇なくただ一人、中曾根康弘・元首相を挙げる。その生きかたこそ君子自彊やまずである。

自分の務めを果たし為すべきことを為してこそ無為である。天地のはたらきがそのことをよく教えている。天地はだれに強いられたわけではなく、果たすことを果たし、為すべきことを為す。これほどの大徳はない。

したがって、この修行は難しい。

「玄更に玄」である。奥深く深遠な道である。

先にまた「道家」という初めての言葉を使ったけれど、老子《ろうし》、荘子《そうじ》という人の説を奉じた学者の総称で、その代表が老子、荘子であるゆえ老荘学《ろうそうがく》派《は》ともいう。簡単にいえば、無為無欲で自然にしたがうことを主旨とする。

老子の生誕はわからない。周という紀元前何世紀かの時代に生まれたようだが、はっきりしない。それから荘子（紀元前三六五年頃～紀元前二九〇年頃）は周朝末の戦国時代の思想家。名が周なので荘周という。老子より後の人である。

日本陽明学と神ながらの道

陽明学がわが国で学ばれたのは江戸時代からである。厳密にいえば江戸以前には伝わっていたが、江戸初期の中江藤樹《なかえとうじゅ》（一六〇八年～一六四八年）を以て日本陽明学の始祖とする。この人は近江聖人といわれた立派な人である。

中江藤樹の名はいまの中学の歴史の教科書には多分出てくるから知る人は多いと思う。先の熊沢蕃山先生は、この藤樹の門弟であり、門弟のもうひとり淵岡山《ふちこうざん》（一六一七年～一六八六年）とともに藤樹門下の双璧といわれる。

江戸幕府の学問、すなわち官学は朱子学である。

これに対して陽明学は在野の学問として学ばれたといえる。

朱子学の名はすでに挙げたが、朱子の本名は朱熹《しゅき》という。この人が南宋の時代に儒学を整理して集大成させたので、その名をとって朱子学という。「子《し》」は前にいったように敬称だから朱先生の学問というわけである。朱熹は王陽明より三百四十二年前に生まれている。王陽明が生まれたのは明《みん》代である。明代のすぐ前が元《げん》という時代であり、その元の前が宋《そう》という時代である。宋は北に都があったときの北宋と、そのあと都を南に移した南宋とにわかれるが、この南宋時代に生まれたのが朱熹である。

江戸時代の儒学はこの朱子学を中心に、陽明学や山鹿素行《やまがそこう》の古学《こがく》や、あるいは古義学《こぎがく》、古文辞学《こぶんじがく》、折衷学《せっちゅうがく》などというのがあったが、ここでは省略する。

中江藤樹にはじまる日本陽明学だったが、江戸二百七十年近くを通観すると、江戸中期には停滞し、江戸後期からとくに幕末にかけて隆盛した。

なぜ幕末に盛んになったのだろうか。

いくつかのわけがあると思う。もっとも大きな理由はかれら幕末の志士たちにとって、陽明学がその精神的原動力になった、そうみて間違いなさそうである。幕末は動乱の時代である。ああいう時代に希求されたのは不変的原理の確固とした精神的尺度である。言葉を換えれば自分が自分に依って立つところの精神的支柱である。

天下の形勢が一変する時代の真っただなかにあって、大事なことは自分が大地に足をつけてしっかりと立つことであり、そうでなければ時計の振り子同然、右に左に振られて自分であって自分でない。動乱という時代であってこそ、陽明学がかれらの魂に一層強く響いたのだと思う。

自分が自分に依って立つ究極は自分のなかの絶対的根底の形成である。近年のわが国の言葉でいえば真の自己の確立である。それにはまず自己とは何か。自分というものは何かをつかむことだが、たいていはこの自己をどこかに喪失している。その状況はいまも昔も同じで、人はつねに放心状態にある。

『孟子』という儒教書のなかに「学問の道は他無《たな》し。その放心《ほうしん》を求《もと》むるのみ」とある。学問の目的は、喪失してしまった心をどうやって取り戻すかにある。

自分の飼っている犬や猫がいなくなれば、みな必死で探しもしようが、自分の心がどこかに行ってしまっていてもそれに気づかない、これを放心という。学問はこの放心をただすことである。ただそれだけのことだというのである。

『孟子』は孟子という人の言行を記した書物である。孟子の本名は孟軻《もうか》（紀元前三七二年～紀元前二八九年）という。孟子はもちろん孔子より後の人だが、孟子とさらにその後の荀子《じゅんし》を加えて一口に「孔孟荀」といい、儒教の流れを指す。日本の戦前の教育を受けた人たちは『論語』より、むしろ『孟子』に親しんだ人たちが多いように見受けられる。

幕末に大きな影響を与えた陽明学は、それではどんな人たちが挙げられるか。

だれもが知る人を挙げれば西郷隆盛（一八二七年～一八七七年）、吉田松陰（一八三〇年～一八五九年）、高杉晋作（一八三九年～一八六七年）らがいる。さらに希代の経世家・山田方谷《ほうこく》（一八〇五年～一八七七年）、熊本藩士の横井小楠《しょうなん》（一八〇九年～一八六九年）、京都の春日潜庵《せんあん》（一八一一年～一八七八年）、また信州松代《まつしろ》藩の下級武士の子、佐久間象山《しょうざん》（一八一一年〜一八六四年）、但馬《たじま》兵庫の池田草庵（一八一三年〜一八七八年）、長岡藩家老の河井継之助《つぐのすけ》（一八二七年〜一八六八年）らがいる。

春日潜庵は朝廷の名卿・久我家の出身で維新の志士たちの多くを感化した硬骨漢である。また横井小楠に私淑したのが高杉晋作や坂本龍馬《りょうま》である。佐久間象山は熊沢蕃山に心酔し、その象山の弟子に吉田松陰がいる。これらの人物は幕末、あるいは幕末から明治にかけて活躍したが、かれらよりやや先の時代に、大塩平八郎中斎や、中斎とほぼ同時代の、これは陽明学の泰斗《たいと》といわれる佐藤一斎（一七七二年〜一八五九年）がいる。一斎は林羅山以来つづく林家《りんけ》の塾長、幕府の学問所・昌平黌《しょうへいこう》の教授である。かれは朱子学を主としたが陽明学にも深い造詣があり「陽朱陰王《ようしゅいんおう》」などといわれた。表は朱子学を標榜し、その実質は陽明学だったというのである。

いずれにせよ、佐藤一斎門下は多く、その顔ぶれは多彩をきわめた。すでに挙げたところの方谷や小楠は一斎門下である。このほかに著名な人物がなおいるけれど、いまはこれくらいにしておきたい。

そこでまず、幕末になぜ陽明学が盛んになったのか。

私はその背景に日本の古道《いにしえのみち》、神《かん》ながらの道を見る。なぜならば、神ながらと陽明学とは共によく響き合うからである。とくに江戸時代は中期から後期になると国学運動が盛んになる。荷田春満《かだのあずままろ》（一六六九年〜一七三六年）、賀茂真淵《かものまぶち》（一六九七年〜一七六九年）、本居宣長《もとおりのりなが》（一七三〇年〜一八〇一年）、平田篤胤《ひらたあつたね》（一七七六年〜一八四三年）の国学四大人にみるように古学が復興する。それはとりもなおさず『古事記』の見直しである。神ながらはその

『古事記』の精神である。

とはいえ、唐突に「神ながら」といっては戸惑うかもしれない。これはわれわれの意識下の問題になるかもしれないが、私の経験から、陽明学を学ぶ者は神ながらを知ることが大いに役立つと思う。

神ながらは漢字で「惟神」、または「随神」と書く。「かむながら」、あるいは「かんながら」と読ませる。「惟神」は「ただ~のみ」、また「これ~のみ」という文字である。すなわちただ神のみ、これ神のみというような意味である。「随神」の「随」は「したがう」とか「そのまま」の意である。すなわち「神にしたがう」「神そのまま」。つまり「神ながら」は神の御心のまま、人為を加えぬ天然自然のままにという意味である。もちろんこれだけでは何のことかわからない。人為を加えぬ自然のままとは、儒教のいう造化のままにである。

この造化の信仰が神ながらであるといってよい。これをわが国では「産霊」と書いて「むすび」と読ませる。産霊は造化と同じと考えてよい。

産霊《むすび》は天地万物を産み成す霊妙なはたらきのことをいう。「産」、すなわち「むす」は化生を意味し、「霊」、すなわち「ひ」は霊力のことである。古くは「むすひ」と読んで「むすび」と「ひ」を濁らせなかった。「上澄むときは下濁らず」といって濁点のついた言葉を嫌ったのである。産霊は「産巣日」「産日」とも書く。いずれも読みかたは「むすび」である。この産霊の信仰が神ながらである。

産霊の信仰は『古事記』の精神といってよい。

『古事記』の冒頭には「天地《あめつち》の初《はじ》めて発《おこ》りし時、高天原《たかまのはら》に成りませる神の名は天之御中主神《あめのみなかぬしのかみ》。次に高御産巣日神《たかみむすびのかみ》。次に神産巣日神《かむむすびのかみ》…」とある。この三柱《みはしら》の神のことをとくに造化《ぞうか》三神という。

神ながらの神と産霊《むすび》は、儒教でいう天と造化によく対比されると思う。産霊の信仰は天地の生成化育のはたらき、すなわち造化の信仰である。もちろんこの神はキリスト教のいうゴッドとは違う、仏教の仏でもない。神ながらの神は造化そのものだから、そのはたらきは森羅万象すべてに通じている。すなわち神の分身が森羅万象である。そこで森羅万象ことごとくに神が宿るという八百万神《やおよろずのかみ》の信仰が生まれた。八百万の「八」という数字を神ながらではとくに重視して「めでたい」とする。十進法でいえば十は満ちた数、満ちれば欠ける例えのあるように、十はめでたい数ではない。といって十に遠すぎても困る。「八」の数は花にたとえれば八分咲き。すなわち「咲きも揃わず散りも始めぬ」、これからいよいよ満開に向けてすすんでいく状態にあるから、めでたいのである。すすむことを「めでたい」とする。

おみくじもいっぱいに満ちて頂点に達した大吉を引いてただ嬉しがってはいられない。

神《かん》ながら、「八」の数は大事である。「八」はいよいよすすみ行く活き活きとした数であり、これからますます進行していくという数である。どこまでもすすんでやまないという数である。そこで「八」の数は「無数」とか「無限」を意味するようになった。

八百万神も八十神《やそのかみ》も、八百とか八十とかという限られた数を意味しているのではなく、かぎりなく多い意である。つまり無数の神々を意味する。それゆえ「八」のついた八咫《やた》ノ鏡とか、八尺《やさか》ノ勾玉《まがたま》とか、八種《やくさ》ノ剣《つるぎ》かという。八種ノ剣は草薙《くさなぎ》ノ剣のことである。

ともかく、神ながらはそれを意識しようがしまいが、日本人のだれもの血のなかに流れている。七五三のお宮参り、正月の神社参りは日本人の習慣であり美しい文化だが、その根底に神ながらのあることを見逃すわけにはいかない。

陽明学と神ながらの響き合い

それでは陽明学と神ながらはどんなところで響き合うのか。

すでに産霊の信仰で儒教とその符号するところを挙げたが、陽明学はいままでみてきたように心の修養である。これは多くの知識や多くの経験を積むことを要求しない。その門は広く、だれにも開かれ、しかも修養は簡潔明瞭である。叩けば開かれる門である。陽明学では「満街の人、みな聖人なり」というが、だれもが聖人になりうるのである。先の良知の詩にあるように「箇々の人心、仲尼有り」である。

だれしも、みな聖人の良知をもっている。これは実に明解である。この良知をどうやって養い発揚し得るかである。

王陽明が匪賊《ひぞく》討伐に出掛け、その戦場の陣中から弟子・薛尚謙《せっしょうけん》に送った手紙のなかに、有名な「山中《さんちゅう》の賊《ぞく》を破《やぶ》るは易《やす》く、心中の賊を破るは難《かた》し」というくだりがある。山中に潜む賊を撃破することは容易だが、心中に潜む賊、すなわち心のなかのさまざまな邪念邪欲、さまざまな煩悩という賊を討ち果たすことは難しい。

心のなかにふつふつと沸き上がる賊、さまざまな煩悩である。

この手紙はつぎのように続く。

「山中の賊を破るは易く心中の賊を破るは難し。区々《くく》が鼠竊《そせつ》を翦徐《せんじょ》せしは何《なん》ぞ異《い》となすに足らんや。もし諸賢《しょけん》、心腹の寇《こう》を掃蕩《そうとう》し以《もっ》て廓清《かくせい》平定の功《こう》を収むれば、これ誠に大丈夫《だいじょうふ》、不世《ふせい》の偉績なり」と。

山中の目に見える賊をうち破ることはたやすいことだが、心中の邪な欲望や想念、煩悩という賊を滅するのは難しい。私がこそ泥のような匪賊をこうして成敗しても、何も特別なことではない、何ぞ異となすに足らんやである。

もし諸君が心中、腹中の邪念邪欲、煩悩という賊を払い除いて、以て世の乱れを清め正すならば、これこそ誠の偉丈夫、立派な男子たるものの、世にまれな偉大な業績である、と。

こういう手紙を師からもらったならば奮い立たぬ者はいない。

人生、意気に感ずという檄文《げきぶん》である。心中の賊は知識を幾ら積んでも滅することはできない。また多くの経験を積めば、できるというものでもない。むしろ知識を積めばつむほど邪念邪欲や煩悩が増えていく。経験も積むほど、かえって姑息で頑迷になりやすい。

心の修養は入りやすく簡易だが、それだけにいよいよ難しい。

つまり修養は知識を増すことではない。理屈や理論立てが巧妙になることではない。心をどうやって純粋にして天理に近づけるかにある。

神ながらも理屈や理論立てを嫌う。そこで「敷島《しきしま》の大和《やまと》の国は神《かん》ながら言挙《ことあ》げせぬ」という。言挙げとは、いまいうように理屈立てや理論立てをしない。説明するまでもないけれど、「敷島の」は大和にかかる枕言葉。大和の国はもとより日本国のこと。わが日本国は理屈立て理論立てを好まぬ。そこで言挙げせぬという根底には、ひとたび言挙げしたときは言葉にいかに「まこと」を尽くすかが求められ、まことのあるなしが問われるのである。

だからこそ「敷島の大和の国は言霊《ことだま》の幸《さき》わう国」という。

わが国は言葉の霊妙なはたらきが幸いをもたらす、そういう国である。

しかし、その大前提には言葉にまこと、真実がなければならない。

まことの欠落した言葉には霊力ははたらかないばかりか禍をもたらす。まことがあるごとくみせかけるのは詐欺師の手口で、いま日本中のお年寄りが被害に遭っている「オレオレ詐欺」は、言葉巧みに人情を逆手にとった極めて悪質なものである。とくにわが国の言葉、言語に対するゆかしい美しい文化を破壊する行為なのが許せない。言葉にまことのあるなしは、その人の修養、徳性、人品骨柄による。

先の「八」の数は、日本人がおめでたい席に発声する「弥栄」に実は通じる。もっともいまではあまり見られなくなったが、弥栄は「いやさか」「やさか」などと読み、どこまでも向上進歩していく、すすんでいく精神のことをいう。そのためになくてはならぬのが清明心《あかきこころ》である。弥栄はこの清明心のあくなき発揚、すなわちもっと善く、もっと美しく、もっと麗しく「まこと」を尽くす、真心を尽くすことである。

言葉や言語だけでなく人の所作行為行動などは、みな「こと」である。その「こと」の真なるもの、美なるもの、善きもの、有り難く懐かしいものを「まこと」と神ながらではいう。この「清明心」「まこと」は王陽明の良知を想起させる。

陽明学がその点でも日本人の情感に合うのだと思う。

さらに理論立て理屈立てせぬことは実践実行を尊ぶことである。この点もまた陽明学の実際的、行動的な性格によく通じると思う。その行動的特徴を表した「事上磨錬」とともに「知行合一《ちこうごういつ》」の言葉はよく知られている。「知行合一」というまたまた初めての言葉が出てきてしまったが、これは陽明学を知らぬ人でも言葉だけは知っている。それほど、有名な言葉だが、しかしその真の意味を知る人は少ない。

世間でいう有言実行とか、言行一致という言葉と混同される。知行合一はそうではない。もっとも著名なそのくだりを『伝習録』からとり挙げてみる。

知《ち》は行《こう》の始め、行は知の成《な》るなり。
聖学《せいがく》はただ一箇《いっこ》の功夫《くふう》。
知行《ちこう》は分《わ》かって両事《りょうじ》と作《な》すべからず（『伝習録』）

知ることは行うことの始めである。行うことは知ることの完成である。聖人の学問はただ一つの工夫あるのみで、知ることと行うことを分けて二つのことにしてはならないという。知行は一体のもの、紙の表裏のようなものという。もちろん、まず知らなければ行うこともできないけれど、知ってのち行うことになると、人間知ることに精根をついやし、ついに行わずして一生を終えてしまう。このことを強く戒める。

そこで聖人の学は知ったときはその瞬間に行為となり姿形に現れる。それには一つの工夫が大事だというのである。この文章にはその工夫について書いてないが、いかに実際的であるかを説いていることがよくわかると思う。

実践実行というと、これまた錯覚されやすいのである。

それは何か自分の身心を離れたところで行うことが実践実行とだけ思いやすい。すなわち外に何か事を起こす、何か行動を起こすことだと考えると、知行合一の趣旨を誤る。まずわが身心からただすことが「行い」なのである。

自分のことは棚に挙げて、ただ行動を専らにすることが知行合一と考える人がいる。もちろん間違いである。知行合一はわが身を修めるところに本旨がある。ここに出てくる「功夫」は「工夫」の意味である。

陽明学のことを書いて「知行合一」が出てこないのは、と不審に思われては困るのでとり上げたけれど、学問はその真髄を覚れば眼前の霧が晴れるように、どこから入ろうとも、またどれを取捨選択しようと、到達するところは同じで、そうこだわることもないと思う。

さて、かれら幕末の志士たちの魂に陽明学がなぜ響いたかを考えるとき、その根底に神ながらの精神的素地を私はみるのである。とくに江戸後期から は平田篤胤によって復古神道はさらに盛んになり、尊皇運動に大きな影響を与えていく。そうした時代背景が陽明学を盛んにしていったと考えて何の不思議もないと思う。

人はなぜ学ぶのか。

『荀子《じゅんし》』という儒教書のなかに、たいへんよい言句がある。

荀子の名は「況《きょう》」という。紀元前の中国・戦国末期の儒家である。孟子よりややあとの人だ。その言句に「君子の学は通《つう》の為《ため》にあらざるなり。窮して困《くる》しまず憂いて意《い》、衰えず、禍福終始を知って心惑《こころまど》わざるが為《ため》なり」と。

人間、だれしも窮すればうろたえ意気消沈し、身も心も失いかねない。君子が学問するのはそうした艱難辛苦に出遭ったとき泰然として少しもうろたえない。何がさいわいで何がわざわいか、何がどうしてどうなるかという因果、終始を知って心を惑わされない。そのために学ぶのであって「通」のためではない。ここにいう「通」とは、いわゆる立身出世というようなことで、金儲けのためとか自分を飾るためとか、人に知られんがために学ぶのではない。

陽明学を修めるのも「通」のためではない。

われわれ、だれしもが具有している天に通ずる良知を覚るためである。

王陽明は陳九川《ちんきゅうせん》という弟子に答えて、わがこの良知の二字は実に千古聖《せんこせい》々相伝《そうでん》の一点、滴骨血《てきこっけつ》であるといっている。すなわち良知こそはるか昔から代々、聖人たちが伝えてきた学問、修養、人生、政治などすべてに通ずる急所であると説いているのである。

王陽明「略年譜」

生誕・幼名を「雲」という

明の憲宗・成化八年（一四七二年）九月三十日、浙江省《せっこうしょう》余姚《よよう》に生まれた。幼名は雲。諱《いみな》（実名）は王守仁《しゅじん》。諡《おくりな》（死後、讃えて贈る称号のこと。ただし今は諱も諡も同じ意味につかわれている）は文成《ぶんせい》。陽明は号。

弓馬に熱中する少年

余姚は温暖な土地で自然が美しい。父は陽明十八歳のときに、当時の官僚「進士《しんし》」の第一等に挙げられ北京に登った。厳格な父だった。祖父は物事にこだわらない淡白な人物であった。十三歳のとき母が死去。以後、継母《ままはは》に育てられる。

武張ったことを好み、弓馬のけいこに熱中し兵書を読んで得意がった。

伏波将軍に私淑する

十五歳……伏波《ふくは》将軍「馬援《ばえん》」に私淑する。伏波将軍は漢の武帝のときの将・路博徳のことで、かれの威力は風波をも静めるということから「伏波」と号した。

のちの後漢時代の馬援にその将軍名が授けられた。

この年、暴徒が蜂起する。少年の身ながら上書して、みずから一万の兵をひきいて出征しようか、といいだす早熟ぶりであった。しかし、このころから次第に内面的思索的になり仏老を慕い詩歌に心を寄せるようになった。


十七歳……結婚。

婁一斎から「格物」を学ぶ

十八歳……新妻を伴って郷里の余姚に帰る途中、心学者・婁《ろう》一斎を訪ねた。一斎はこのとき陽明より五十歳も上、その老熟の学者は彼に格物の学を教え「聖人は必ず学んで至るべし」、すなわち聖人は学んで到達することができると教えた。

このころ、彼は別人のように言語動作があらたまったという。文芸に耽溺したり経書を読んだり思想を探ったり、歴史に親しんだりしたのもこの時期である。

二十五歳……二度目の高等試験に不合格。郷里の竜泉山に「詩社」をつくって文芸の友と遊んだ。

兵法を学ぶ

二十六歳……軍隊の無力を嘆き戦術を盛んに研究した。翌年、神経衰弱を再発。養生を論じた。

辺務八事の強兵策を論ず

二十八歳……春、進士の試験に合格。名将軍・威寧伯の造墳工事で監督を命ぜられ出張。馬に乗って目的地へ行ったが、途中、落馬して血を吐いた。のち彼の生涯の病となる肺疾患を一層悪化させる因となった。この年、異変があって朝廷は時事評論を募集した。彼は辺境警備の辺務八事を説いて強兵策を論じた。

陽明洞に室を築く

三十一歳……友人が古詩文に熱中するのを嘆き「吾れなんぞ限りある精神を以て、内容のない実のない、うわべ飾りの文章を作っていられようか」と、病気を理由に郷里に帰り、〃陽明洞〃に室を築いた。ここで道家養生法の法術を実行する。陽明の号はこの洞にちなむ。

金丹も心外に非ず

三十三歳……兵部の役人になる。宇宙・人生は心の所蔵であると覚り「長生は心に仁を求むるにある。金丹（道士が金を練ってつくったという不老長寿の秘薬）も外に存するのではない。思えば過古三十年のわが人生はあやまっていた。自分は今しきりにこれを悔いる」。このころから聖学を講ずる。

ひなびた駅丞に流さる

三十四〜五歳……孝宗帝死す。十四歳の幼い東宮が即位した。武宗帝である。東宮に以前から仕えていた宦官らがのさばり、これを弾劾した正義の士たちが投獄された。憤激した彼は天子に文書を奉り、その非を論じたが、かえって宦官らの仕打ちをうけ、廷杖四十を食らい、貴州の奥地・竜場の駅丞に流された。貴州は貴州省貴陽の西北にある辺境で、まったくの未開地。駅丞というのは宿場の事務官のような職である。

その任地に赴く途中、宦官の放った刺客に襲われたが、川に身を投げたとみせかけて間一髪、危機を脱した。宦官は宮中の奥向きに仕える男性機能を失った（去勢された）者で、明代では大きな勢力を掌握し争乱のもととなった。

物心一如の心境にいたる

三十七歳……竜場に着く。ここは未開のジャングルで、住民は蛮人。言葉も通じない。もとより住まうところもない過酷な生活が始まった。その凄惨な体験を通じて「格物致知」の真意を悟った。「聖人の道はわが性を以て足る」と会得し、物と心を分ける、これまでの考え方の間違いを確認し、暗記している五経（易経、詩経、書経、礼記、春秋）の言と照合すると、みな悉く符号した。「物心一如」

の境地にいたった。

知行合一を初めて論ず

三十八歳……「知行合一」を初めて論じた。

三十九歳……宦官の劉瑾《りゅうきん》が失脚。迫害されていた人たちが一斉に復帰し、彼もまた知県（県知事）に栄転した。さらに昇進していった。

徐愛に『大学』を論ず

四十一歳……南京の馬政次官になる。閑職であった。このころ愛弟子・徐愛に新しい見地から『大学』を講じた。徐愛は感激し興奮した。このときの徐愛の記録が『伝習録』上巻である。

四十三歳……さらに昇進した。

四十五歳……盗賊掃討の任に就き次々戦果をあげた。出陣が相次ぐ。しかし前線でも、平生と変わることなく彼は学を弟子たちに説いた。

心中の賊を破るは難し

四十七歳……戦闘の最中から弟子に与えた手紙にいう。「山中の賊を破るは易く心中の賊を破るは難し」と。病気のため辞職を乞うが許されず。この年『朱子晩年定論』を刊行した。

四十八歳……反乱勃発する。また鎮圧に向かう。何年かにわたる戦闘は彼の華々しい功績となったが、その戦功があまりに大きすぎて、人に妬まれ疎まれて苦悩する。かくまでのろわれるこの身は、このまま死んでもいいとわないが、私には親がいる。親が迫害を受けると思うと死ぬに死ねないと懊悩した。

このころ『睡起偶成』の詩を詠む。

四十余年睡夢の中
而今醒眼始めて朦朧
知らず日すでに停午を過ぐるを
起って高楼に向かい暁鐘を撞く
（この詩は四十九歳の作といわれる）

致良知の説を掲げる

五十歳……初めて「致良知」の説を掲げる。この年、兵部尚書（陸軍大臣のような職）に栄転。さらに新建伯という爵位を与えられるが、私のために義を貫いて死んでいった弟子のことを思うと、受けるわけにはいかないと天子に上申して爵位を辞した。

五十六歳……廟議によって征討総督に任ぜられ恩田に遠征した。恩田は遠い西南の辺境にあるが、ここでも乱を平定した。

この心、光明なり。またまた何をかいわん

五十七歳（一五二八年）……遠征からの帰途、病が悪化し、十一月二十九日朝、眼を開けると「われ去る」といった。弟子の周積は泣きながら「何か御遺言は…」と聞いた。彼は「この心、光明なり。またまた何をかいわん」といって息を引き取ったという。

あとがき

何かの折りに「陽明学はいつ、どんなことから…」と聞かれることがよくある。そういうきっかけというのは、だれしも関心があることなのでしょう。そこで、私自身と陽明学の、いわば因縁というものについて話しておくことが、読者の方々に対する礼儀かもしれないと思い、恥じらいつつ「あとがき」に書かせていただくことにした。

私は大学を出てすぐ、群馬県の地方紙（上毛新聞社・本社前橋市）の記者になった。昭和三十九年春です。ところがこの記者業というのが、ともかく面白くて面白くてしようがない。なんといっても、名刺一枚あれば、二十歳を過ぎたばかりの若造がどこにでも入っていける。だれにも取材できる。書いた記事は必ず新聞に載る。反応がでる。話題となる。世のなかにこんな面白い仕事があってよいのか、と疑ったほどです。

正義感もあった。権力や体制に対する反発もあった。気負いも自負も、加えてオレがオレがという驕気もあった。もっとも、そうした何もかも新鮮な生活は数年で、あとは惰性に流れる傾向がでてきた。

十七年余りたった春、東京支社に転勤になり生活が変わった。

私が住んだのは練馬の石神井公園というところで、西武線の駅から五〜六分のところである。住いに近い書店で、ある日買った本が、故・安岡正篤氏の一冊で、安岡氏の名前も私には初めてだった。このなかにあった詩が、王陽明の「睡起偶成」である。この詩を続んだときの感想は、本文中にも記したが、もうたとえようもない衝撃を受け、自分の人生を振り返り、いったい何をやってきたのか、と激しい悔恨と反省に襲われた。昏睡して正に懵々《ぼうぼう》たる、前後不覚の夢うつつの人生ではなかったかと。

新聞社の肩書、看板で生きてきた人生ではなかったかと。

妻子も兄弟も友人も一切合切を除いた、裸の自分に何が残るかと。

自分自身に依って立つ何ものかがあるかと。

地方紙の記者というのは、多くはサツ（警察畑、すなわち社会部）からはじまって、文化芸能もスポーツも経済も行政も政治もなんでも経験する。地方紙によって違いはあるけれども、そのころの上毛新聞は特定な畑の専門記者を育てるより（現在もその傾向だが…）、オールラウンドプレーヤーを育てることが目的だった。だから何でもこなす。それだけに広く浅い。臨床的な厳しい批評や評論はしても、記者自身が何をどう考えるかという深い思索や哲学はない。まして国家に対する高い理想はなく、その一方で、人間とは何か、その心魂に及ぶ煩悶や懊悩も自分の人生にはなかった。先人の言句をかりていい換えれば、「年四十にして三十九年の非を知る」で、それまでの自分の人生を御破算にし、〃やり直し〃と思った。孟子の言にあるように、まさに放心状態。自己とは何かという以前の、放心にあることさえ気づいていなかった。

陽明学に傾倒していくようになる、これが私の魂の慟哭でした。

以後、陽明学の自修ぶりは人さまに語れるような代物ではないが、折々の心境だけを申せば、聖賢の言句に興奮し感涙し、ページをめくることができず、天を仰ぎ溜め息をつき感慨にふけったもので、今なおその心境を味わいます。

東京在住は丸七年でした。

群馬に帰ってからしばらくして平成四年、同志を誘って陽明学講座「春秋学教室」を開塾しました。当時、自民党は腐敗の頂点に達し、金丸信自民党副総裁が金の延べ棒を隠し持っていた一事が示すように、政治家の堕落もここまできたかという暗澹たる状態でした。国民からごうごうたる非難が巻き起こったのもこの時期です。私はそのころ新聞一面のコラムを執筆しており、繰り返し自民党と政治家を酷評し、併せて覚醒を訴えてみたものの、地方紙の筆など蟷螂《とうろう》の斧《おの》で、言論とは何と虚しいものか、と思ったのです。何かほかに、わが身を以てできることはないか。その煩悶の一念からはじめたのが春秋学教室です。少数の同志でいい、地方の一隅からこそ、覚醒の灯りを点ずることができる。「天下これを信ずるも多しと為さず、一人これを信ずるも少なしと為さず」という、陽明学の言句が去来していました。

そうした外的環境は私をしていよいよ体認の陽明学に深く向かわせていきました。

私にとって何よりうれしいのは、そのうちによき友人や同志ができていったことです。

「二人、心を同じうすればその利《と》きこと金《かね》をも断つ、同心の言はその臭い蘭の如し」というしびれるようなよい言葉がありますが、そうした金蘭の交わりの友や同志が少なからずできていったことです。

本書は先に挙げた春秋学教室の同志の要望に応えたことと、また現在、教鞭をとっている新島学園短期大学の「思想」の教科書として書いたものです。先日、教え子の短大生から人生の悩みを相談されました。私は学問を信じろ、真の学問は必ず君を救ってくれるはずだと答えたところです。

読者の方々の、ご批評をたまわれれば幸甚です。

著者識す

平成十六年　初秋

【著者プロフィール】

井上新甫（いのうえ・しんぽ）

昭和16年群馬県生まれ。39年上毛新聞社入社、記者、東京支社報道部長、論説委員長、出版局長を経て取締役、顧問。平成15年退職。平成４年から陽明学講座「春秋学教室」を主宰し現在に至る。現・新島学園短期大学非常勤講師（担当教科：思想）。著書『王陽明と儒教（上）』『陽明学読本』（巻１～巻５）、『東洋の心』など（いずれも和綴じ本）。本名・勝利

王陽明と儒教

平成十六年十月十二日第一刷発行
平成二十四年九月十四日第四刷発行

著　者　井上新甫
発行者　藤尾秀昭
発行所　致知出版社
〒150-0001東京都渋谷区神宮前四の二十四の九
ＴＥＬ（〇三）三七九六―二一一一
印刷・製本　中央精版印刷株式会社
落丁・乱丁はお取替え致します。　（検印廃止）

ISBN978-4-88474-693-3 C0095
ホームページ　http://www.chichi.co.jp
Eメール　books@chichi.co.jp